Originelle Lampen & Lichterketten

aus schönen Papieren und Folie

Hille Thielen Pohl

Laras beste Freundin

Material

- pinkes Knautschpapier (Single Momigami)
- Strohseide® mit Farbverlauf pink/weiß/gelb
- Strohseide®: pink, lila, rosa
- große Mobile-Folie
- gelbes Papier-Drahtband
- 2 Holzscheiben, Ø 3 cm
- Holz-Halbkugel, Ø 3 cm
- 2 Holzscheiben, Ø 2 cm
- Holzscheibe, Ø 2,5 cm
- bunte Holzperlen
- Sprühkleber
- Kellerfenster-Gitter
- Lichterketten
- Bastelfarbe: blau, schwarz, gelb, rot, weiß
- schwarze Papierkordel

(Abbildung siehe Seite 1)

Stehlampe

Laut Grundanleitung die Folien und das Drahtgitter zuschneiden. Die Strohseide® in Verlaufsfarben mit Sprühkleber auf die Folie bringen und nach dem Trocknen die Ränder lochen. Die Lampenteile mit dem gelben Papier-Drahtband verschließen und die Enden zu Spiralen drehen. Das geknautschte rosa Papier für die Haare in der Mitte mit schwarzer Papierkordel zusammenraffen und mit der Heißklebepistole am Kopfbogen aufkleben. Die äußeren überstehenden Papierenden werden mit dem gelben Papier-Drahtband als Zöpfe zusammengebunden und mit bunten Holzperlen verziert. Nun die Holzteile für das Gesicht bemalen. Die beiden Scheiben (Ø 3 cm) in Blau, die Halbkugel (Ø 3 cm) in Gelb, zwei Scheiben (Ø 2 cm) in Weiß und die letzte Scheibe (Ø 2,5 cm) in Rot kolorieren. Alle Teile aufkleben und auf die beiden weißen Augenscheiben jeweils einen schwarzen Punkt auftragen.

Dekor-Lichterkette

Die Lichterkette nach Möglichkeit 2: „Herz" laut Vorlage aus rosa, pink und lila Strohseide® herstellen.

Impressum:
© 2002 Bücherzauber Verlag, 41540 Dormagen
ISBN: 3-935997-12-4 Best.-Nr.: 97124

Fotos: Peter Wirtz, Dormagen
Grafik/Zeichnungen: Daria Broda
Lithos/Layout/Satz: Marion Haustein, Dormagen
Druck: Grenz-Echo, Eupen www.grenzecho.be

Auflage: 8. 7. Rechte Zahl ist maßgebend.
Jahr: 2005 2004

Vorwort

Licht schafft Atmosphäre – drinnen wie draußen. Sie werden sehen wie einfach es ist, mit ein wenig Papier, Drahtgitter und Lichterketten Ihre Wohnung sanft, behaglich und freundlich zu gestalten. Farben, Formen und Materialien können beliebig variiert werden. Fast alle lichtdurchlässigen Papiersorten sind für diese Bastelarbeiten geeignet.

Und nun kann es losgehen.
Viel Spaß beim Basteln wünscht

Hille Thielen Pohl

Widmung

Meinem Sohn Dennis, der bei der Entwicklung der Lampen mitgeholfen hat, und meiner Familie möchte ich von ganzem Herzen danken. Ohne deren Hilfe wäre dieses Buch nicht entstanden.

Lieferantennachweis:

Die meisten der hier verwendeten Papiere sind
aus dem Sortiment der Firma Pulsar Naturprodukte GmbH.

Material & Werkzeug

Materialien

- Strohseide®
- Struktur-Strohseide® (zweischichtige Strohseide®, jeweils eine Farbe hat ausgestanzte Motive)
- Transparentpapier
- Single Momigami Papier (geknautschtes Naturpapier)
- Servietten
- handgeschöpftes Papier
- Transparentpapier
- Mobile-Folie
- Kellerfenster-Gitter
- Papier-Drahtband
- Draht
- Bast
- Glasperlen
- Holzperlen
- vorgefertigte Holzteilchen (genaue Maße im Buch)
- Serviettenkleber
- Sprühkleber
- doppelseitiges Klebeband, 10 mm breit
- Klebeband
- Lichterketten
- Lampenfassung E27

Werkzeuge

- Schere
- Cuttermesser
- Maßband
- Lochzange
- wasserfester Stift
- Bleistift
- Kugelschreiber
- Winkel
- Heißklebepistole
- Flachpinsel
- feine Malpinsel
- Seitenschneider
- Spitzzange
- starke Klammern
- Tacker
- Büroklammern

Techniken & Anleitung

Klebetechniken

1. Serviettenkleber

Mit der Servietten-Klebetechnik werden Struktur-Strohseide®, Servietten und handgeschöpftes Papier verarbeitet.

Und so wird's gemacht:

Den Serviettenkleber mit einem breiten Pinsel gleichmäßig auf die Mobile-Folie auftragen.

Legen Sie das gewünschte Papier auf die Mobile-Folie und streichen es leicht mit der Hand glatt. Wenn Sie Servietten zum Bekleben nutzen, werden die beiden unbedruckten Serviettenschichten entfernt. Den Kleber mindestens 24 Stunden trocknen lassen.

2. Sprühkleber

Mit der Sprühklebe-Technik werden einfache Strohseide® und Transparentpapiere verarbeitet.

Und so wird's gemacht:

Sprühkleber mit kleiner Düse gleichmäßig aus angegebener Entfernung auf die Mobile-Folie sprühen.

Legen Sie das entsprechende Papier auf die Mobile-Folie und klopfen es leicht mit der Handinnenfläche auf. Den Kleber mindestens 24 Stunden trocknen lassen.

Auf diese Klebetechniken wird im Buch bei den einzelnen Bastelarbeiten verwiesen. Sie sind bei Lampen und Lichterketten gleichermaßen zu verwenden.

Schablone und Zuschneiden

Um die Vorlage immer wieder nutzen zu können, fertigen Sie sich eine Schablone an.

Und so wird's gemacht:
Legen Sie ein Stück Transparentpapier auf das ausgewählte Motiv des Vorlagenbogens und befestigen es mit Klebestreifen, damit es nicht verrutschen kann. Die Konturen mit einem weichen Bleistift auf das Papier übertragen.

Anschließend die abgepauste Zeichnung auf ein Stück Karton legen und mit Büroklammern befestigen. Die Bleistiftlinien mit einem Kugelschreiber nachziehen. Durch den Druck des Kugelschreibers entstehen Konturen im Karton, welche leicht nachgezeichnet und ausgeschnitten werden können.

Die Schablone wird auf die beklebte und getrocknete Mobile-Folie gelegt und die Umrisse werden mit einem dünnen wasserfesten Stift nachgezogen.

Auf einer Schneideunterlage können Sie die fertigen Formen mit einem Cuttermesser ausschneiden.

Verarbeitung der Drahtgitter

Das im Baumarkt erhältliche Gitter nach Vorlage mit dem Seitenschneider zuschneiden.

Und so wird's gemacht:
Schneiden Sie aus einem Reststück von dem Kellerfenster-Gitter einen ca. 35 cm langen und 10 cm breiten Streifen, der als Lochhilfe dient.

Legen Sie diesen Streifen zwischen die zugeschnittenen Lampenteile und fixieren das Ganze mit starken Klammern.

Mit der Lochzange in jedes zweite Feld ein Loch stanzen.

Binde-Techniken:

1. Papier-Drahtband

Die fertigen Lampenteile mit den unbeklebten Innenflächen aufeinander legen und das Kellerfenster-Gitter in der rechten unteren Ecke einfügen. Das Papier-Drahtband ist in verschiedenen Farben erhältlich, es ist ca. 2 mm breit und hat einen Drahtkern. Es ist leicht in Form zu biegen.

Beginnen Sie unten rechts mit einem einfachen Knoten.

Nun ziehen Sie den Draht beim nächsten Loch von hinten nach vorne durch, führen ihn wieder zwischen Lampe und Draht zurück und gehen zum nächsten Loch (Halbschlag). Diesen Knoten wiederholen Sie bis die Seite komplett verschnürt ist und schließen mit einem einfachen Knoten. Lassen Sie oben wie unten ein gutes Stück zur späteren Verwendung übrig.

Formen Sie die Lampe auf der anderen Seite und wiederholen Sie die Bindetechnik.

2. Bast

Verbinden Sie je 2 Löcher mit Bast, machen einen einfachen Knoten und schneiden die überflüssigen Enden ab.

Formen Sie die Lampe auf der anderen Seite und wiederholen Sie die Bindetechnik.

3. Draht

Nutzen Sie entweder Silberdraht (Ø mind. 1,2 mm) oder Aludraht (Ø 2 mm). Den Draht wie beim Reihenstich durch die einzelnen Löcher ziehen. Lassen Sie oben wie unten ein gutes Stück übrig.

Die Drahtenden mit Hilfe einer Kettelzange zu Spiralen drehen. Das Drahtende kann zusätzlich mit Perlen geschmückt werden.

Einbau der Lichterketten in Lampen

Die einzelnen Lämpchen der Lichterkette verteilen Sie von unten gleichmäßig in das eingearbeitete Kellerfenster-Gitter.

Tipp:

Sollte die Lampe an einer Ecke oder mit einer Seite an der Wand stehen, können die Lämpchen alle in eine Richtung verteilt werden. So erhalten Sie eine bessere Lichtausbeute.

Anfertigen der Lichterketten

Hier wird die Vorgehensweise für die Herstellung von Dekor-Lichterketten beschrieben. Die verschiedenen Gestaltungsmöglichkeiten werden im Laufe des Buches gezeigt. Bei den Lichterketten werden einige vorher genannte Techniken angewendet. Nutzen Sie dünne Folie (z.B. Overheadfolie) für die Tüten.

Und so wird's gemacht:

Für die einzelnen Tüten der Lichterkette werden zunächst Schablonen angefertigt und die verschiedenen Papiere in den auf Seite 5-6 beschriebenen Techniken aufgeklebt.

Sie haben die Wahl aus drei verschiedenen Formen. Zusammenkleben können Sie die einzelnen Formen mit transparentem doppelseitigem Klebeband (z.B. von ASLAN) oder einem transparenten Kontaktkleber (z.B. von Pattex). Den Kleber oder das Klebeband immer auf der Folienseite anbringen. Wählen Sie je nach gewünschter Länge Lichterketten mit 10, 15 oder 20 Lämpchen.

Möglichkeit 1: Quadrat

An den vorgegeben Stellen das Rechteck mit doppelseitigem transparentem Klebeband versehen, in der Mitte falzen und die Form so zu einem Quadrat legen.

Möglichkeit 2: Herz

Das Doppelherz zuschneiden und an den vorgegebenen Stellen mit doppelseitigem Klebeband versehen. In der Mitte falzen und die Herzen deckungsgleich übereinander legen.

Möglichkeit 3: Hütchen

Die halbrunden Formen zuschneiden und an den vorgegebenen Stellen mit doppelseitigem Klebeband versehen. Je ein Lämpchen in die Mitte der Form legen und diese zusammenkleben. Bei dem Hütchen die Form um das Lämpchen legen und zusammenkleben. Beim Quadrat und Herz können die Lämpchen nachträglich eingeschoben werden.

König Gelbnase

Material

- Strohseide® mit goldenen Sprenkeln: weiß-blau
- große Mobile-Folie
- blaues Papier-Drahtband
- Holz-Halbkugel, Ø 2,5 cm
- 2 Holz-Halbkugeln, Ø 2 cm
- 2 Holz-Scheiben, Ø 3 cm
- Holzkegel, Ø 3 cm
- bunte Holzperlen
- Bastelfarbe: rot, blau, weiß, schwarz, gelb
- Sprühkleber
- doppelseitiges Klebeband
- Overheadfolien
- 2 Lichterketten
- Kellerfenster-Gitter

Königs-Lampe

Zunächst die Mobile-Folie so mit der weiß-blauen Strohseide® laut Grundanleitung bekleben, dass die Krone im blauen Bereich des Papiers liegt. Die beiden gelochten Lampenseiten mit blauem Papier-Drahtband laut Anleitung von Seite 7 schließen. Alle Drahtenden zu Spiralen drehen und oben einige bunte Holzperlen auffädeln. Bemalen Sie nun die Holzteile für Augen, Mund und Nase. Die beiden größeren Holzscheiben werden blau bemalt und die zwei kleinen halbrunden Teile malen Sie weiß mit einem schwarzen Punkt für die Pupillen. Für die Nase wird der Kegel gelb gestrichen und der Mund wird rot. Die Holzteilchen werden jetzt als Gesicht auf die Lampe geklebt.

Dekor-Lichterkette

Lichterkette nach Möglichkeit 1: „Quadrat" laut Vorlage herstellen. Kleben Sie im Wechsel uniblaue, weiße und weiß-blaue Papiere auf die dünne Folie.

Der König ist geboren
und kann sein Reich beziehen!!

Der Froschkönig

Froschkönig

Zunächst laut Grundanleitung die zweifarbige Strohseide® mit Sprühkleber auf die Mobile-Folie kleben, das Gitter zuschneiden und mit der Bindetechnik für das Papier-Drahtband die Lampe zusammenfügen. Bemalen Sie nun die vorgefertigten Holzteilchen für Augen und Nase. Die beiden größeren Holzscheiben und zwei kleine halbrunde werden schwarz bemalt. Die zwei kleinen halbrunden Teile bemalen Sie weiß mit einem schwarzen Punkt für die Pupillen. Die Holzteilchen werden jetzt als Gesicht auf die Lampe geklebt. Mit einem Bleistift zeichnen Sie die Konturen eines Mundes. An der Kontur messen Sie die Länge der schwarzen Papierschnur für den Mund, verknoten die Enden und kleben diese auf die Lampe.

Material

- Strohseide® zweifarbig: rot-grün
- große Mobile-Folie
- Papier-Drahtband: rot, grün
- Holzperlen: grün, rot
- Sprühkleber
- doppelseitiges Klebeband
- Overheadfolien
- schwarze Papierschnur
- je 2 Holzscheiben: Ø 5 cm, Ø 3 cm
- 2 Holz-Halbkugeln: Ø 2 cm
- Bastelfarbe: schwarz, weiß
- 2 Lichterketten (mit je 10 Lämpchen)
- Lampenfassung E27
- Kellerfenster-Gitter

Deckenlampe

Für die Deckenlampe ein großes Hütchen laut Vorlage aus Mobile-Folie und rot-grüner Strohseide® herstellen. Nach dem Zusammenkleben der Lampe die obere Öffnung rund schneiden. Schneiden Sie mehrfach senkrecht von oben ca. 2 cm in die Lampe. Nun können Sie die Lampenfassung befestigen.

Um die Fassung zwei 80 cm lange grüne Papier-Drahtbänder legen, sodass zu jeder Seite zwei 40 cm lange Stücke herunterhängen. Diese Bänder zu Spiralen formen und jeweils drei rote Holzperlen auffädeln. Zum Schluss die Bandenden verknoten.

Dekor-Lichterkette

Lichterkette nach Möglichkeit 1: „Quadrat" laut Vorlage herstellen. Beachten Sie die Grundanleitung von Seite 5, 6 und 9.

Peppige Herzchenlampen

Material

- Struktur-Strohseide® mit Herzen: pink/orange, rot/orange
- große Mobile-Folie
- Overheadfolien
- Papier-Drahtband: orange, rot
- Holzperlen: rot, pink
- doppelseitiges Klebeband
- Serviettenkleber
- Kellerfenster-Gitter
- 4 Lichterketten

Stehlampen

Kleben Sie für die rechts abgebildete Lampe die orange/rote Strohseide® mit der roten Seite auf die Folie. So erscheint die Lampe außen orange mit roten Herzchen. Für die zweite Lampe die orange Seite auf die Folie kleben, so erscheint außen das pinke Papier mit orangen Herzchen. Zum Verkleben nutzen Sie Serviettenkleber und verfahren weiter nach der Grundanleitung. Die pinke Lampe mit orangem und die orange Lampe mit rotem Papier-Drahtband verschließen. Zum Schluss die Enden zu Spiralen drehen und oben einige farblich passende Holzperlen auffädeln.

Dekor-Lichterketten

Lichterketten nach Möglichkeit 1: „Quadrat" und Möglichkeit 3: „Hütchen" laut Vorlage herstellen.

Festliches Ambiente

Material

- handgeschöpftes Papier mit Farbverlauf in Beige, Schwarz und Gold (Kozo Papier, Design: Afrika 1)
- große Mobile-Folie
- Overheadfolien
- naturfarbenes Papier-Drahtband
- Holzperlen: weiß, braun
- Serviettenkleber
- Kellerfenster-Gitter
- Lichterkette
- Bilderrahmen, unbehandelt

Stehlampe

Kleben Sie das Papier so auf die Folie, dass die Farblinien senkrecht verlaufen und die Stroheinschlüsse von außen sichtbar sind. Beim weiteren Erstellen der Lampe beachten Sie bitte die Grundanleitung von Seite 5-7. Verschlossen werden die Seiten mit naturfarbenem Papier-Drahtband, welches an den Enden zu Spiralen gedreht und mit Perlen bestückt wird.

Bilderrahmen

Legen Sie den Rahmen auf das handgeschöpfte Papier. Dieses sollte so groß sein, dass an jeder Seite 3 cm überstehen. Mit einem dicken Pinsel den Serviettenkleber auf den Rahmen streichen. Das Papier auf den Rahmen legen und leicht mit der Hand andrücken. Die überstehenden Seiten wie ein Buch einbinden und auf der Rückseite antackern. An der Innenseite das Papier über Kreuz einschneiden, umknicken und auf der Rückseite ebenfalls festtackern. Die freigebliebenen Ecken in der Innenseite werden mit dem Papier und Serviettenkleber abgedeckt. Die Rückwand aus Wellpappe mit Heißkleber befestigen.

Lampen aus Transparentpapier

Material

- Transparentpapier: blau, grün, orange
- große Mobile-Folie
- Silberdraht, Ø 1,2 mm
- Glasperlen, Ø 8 und 10 mm
- Sprühkleber
- Kellerfenster-Gitter
- Lichterketten
- Kettelzange

Schneiden Sie zunächst die Folienteile und Drahtgitter laut Vorlagenbogen zu und setzen die Teile entsprechend der Grundanleitung zusammen. Das Transparentpapier mit Sprühkleber aufbringen und zum Schluss die Lampenteile mit Draht verbinden (siehe auch Seite 8). Alle Drahtenden laut Abbildung zu flachen Spiralen drehen und einige Glasperlen aufnehmen. Fertig sind wahre Designer-Lampen!

Diese bunten modernen Lampen sehen besonders toll als Dreier-Gruppe aus.

Maritime Lampen

Material

- Struktur-Strohseide® mit Seesternmuster, (je 1 x mit blauen und 1 x mit naturfarbenen Seesternen)
- große Mobile-Folie
- naturfarbenes Papier-Drahtband
- Holzperlen: natur, braun, hellblau
- Sprühkleber
- doppelseitiges Klebeband
- Overheadfolien
- 2 Lichterketten
- Lampenfassung E27
- Kellerfenster-Gitter

Stehlampe

Bei der kleineren Lampe erscheinen die Seesterne hellblau, bei der größeren sind sie naturfarben. Beachten Sie bei der Erstellung dieser Lampen die Grundanleitung. Das Papier mit Serviettenkleber auf die Folien kleben und das Gitter zuschneiden. Die Lampen mit naturfarbenem Papier-Drahtband laut Anleitung von Seite 7 schließen. Die Bandenden zu Spiralen drehen und einige Holzperlen auffädeln.

Deckenlampe

Diese Lampe aus einem Rechteck der Größe 32 x 47 cm laut Vorlage herstellen. Den Bogen herausschneiden und die Folie mehrmals ca. 1 cm tief einschneiden. An den vorgegebenen Stellen das Klebeband befestigen und die Form um die Lampenfassung kleben. Zum Schluss naturfarbenes Papier-Drahtband umlegen, zu Spiralen formen und einige Holzperlen auffädeln.

Dekor-Lichterkette

Die Lichterkette nach Möglichkeit 1: „Quadrat" laut Vorlage herstellen.

Im Reich der Delfine

Material

- Struktur-Strohseide® mit Delfinen: türkis/marine
- große Mobile-Folie
- Papier-Drahtband: gelb, blau
- Silberdraht, Ø 1,2 mm, 2 x 46 cm lang
- Holzperlen: gelb, blau, weiß
- Serviettenkleber
- Overheadfolie
- 2 Lichterketten
- Lampenfassung E27
- Kellerfenster-Gitter

Stehlampen

Für beide Lampen wird nur eine Papiersorte benötigt. Kleben Sie einmal die türkise Seite und für die zweite Lampe die dunkelblaue Seite auf die Folie. Erstellen sie die Lampen nun laut Grundanleitung von Seite 5-7. Beide Lampen mit blauem Papier-Drahtband verschließen und die Enden zu Spiralen drehen. Das i-Tüpfelchen sind auch bei diesen Lampen die aufgefädelten Holzperlen.

Dekor-Lichterkette

Die Lichterkette nach Möglichkeit 3: „Hütchen" laut Vorlage herstellen. Das Papier wurde mit der türkisen Seite auf die Folie geklebt.

Deckenlampe

Für diese Hängelampe benötigen Sie vier Rechtecke gemäß Vorlagenbogen. Genau wie bei den Stehlampen das Papier auf die Folie kleben und die Seiten lochen. Nun die Seiten mit gelbem Papier-Drahtband verschließen, die Enden mit je einer gelben Perle bestücken und schließlich zu Spiralen drehen. Die beiden Drahtstücke laut Vorlagenbogen zurechtbiegen. Diese in der Lampe an den oberen Papier-Drahtband-Schlaufen einhängen, sodass die Mittelschlaufe des Siberdrahtes mit der Lampenfassung verbunden werden kann. Den Schraubring der Fassung bis oben hin über das Gewinde drehen.

Diese zauberhaften Schlummerlampen entführen nicht nur die Kleinen ins Reich der Delfine.

Orientalischer Hauch

Material

- 6 Servietten mit Ethnomuster
- Overheadfolien
- große Mobile-Folie
- naturfarbenes Papier-Drahtband
- 2 naturfarbene Holzperlen, Ø 10 mm
- Serviettenkleber
- doppelseitiges Klebeband
- Kellerfenster-Gitter
- 2 Lichterketten

Stehlampe

Bei dieser orientalischen Lampe entspricht die Folie genau der Serviettengröße. Von dieser nur die oberste Schicht mit Serviettenkleber auftragen. Von außen behutsam eine weitere Lage Serviettenkleber mit einem breiten Pinsel von innen nach außen auftragen. Sie sollten sehr vorsichtig arbeiten, da die dünne Serviettenschicht schnell einreißen kann. Als Alternative hat sich bewährt, den Kleber mit einem weichen Schwämmchen aufzutupfen. Nach dem Trocknen die Lampe laut Grundanleitung zusammensetzen und mit dem naturfarbenen Papier-Drahtband verschließen. Die Enden zu Spiralen drehen und oben jeweils eine Holzperle auffädeln.

Tipp:
Diese Lampe und Lichterkette sind eine tolle Dekoration für ein orientalisches Buffet.

Dekor-Lichterkette

Lichterkette nach Möglichkeit 3: „Hütchen" laut Vorlage herstellen.

Ein Flair von Wüste, Sand und Sonne

Natur pur

Material

- handgeschöpftes Papier mit eingearbeiteten Faserteilen (Kozo Papier: „Braune Rechtecke")
- große Mobile-Folie
- Bast
- Serviettenkleber
- Lichterkette
- Kellerfenster-Gitter
- weißer Fotokarton, 2 x DIN A 4
- weiße Din A4 Schreibmaschinenblätter ab 90g/m²
- 2 Orangenscheiben
- braunes Papierband, 2 cm breit, 28 cm lang
- 2 Goldherzen
- Zimststangen
- Sonnenblumen-Blüte

Stehlampe

Diese wunderschöne dezente Lampe aus Naturpapier laut Grundanleitung von Seite 5-7 erstellen. Zum Kleben des Papiers auf die Folie Serviettenkleber nutzen. Zum Schließen der Lampe eignet sich passend zum Natur-Look heller Bast (siehe auch Seite 8). Mit jeweils etwa 10 cm langen Baststücken die Lampenteile miteinander verbinden.

Gästebuch

Legen Sie den weißen DIN A4 Karton auf das handgeschöpfte Papier und fahren mit dem Cuttermesser die Konturen leicht nach (nicht schneiden!!). Entlang der Linien können Sie das Naturpapier vorsichtig herausreißen. Diese dienen als Deckblätter und werden jetzt auf den Karton geklebt. Die Einlegeblätter zwischen den beiden Deckblättern mit Klammern fixieren.

Nun an der linken Seite mit der Lochzange alle 4,2 cm ein Loch stanzen. Verbinden Sie je zwei Löcher mit Bast, verknoten diesen und schneiden die überstehenden Enden ab. Einige Zimtstangen bündeln, mit Bast zusammenbinden und die Bastschleife mit einer Blüte dekorieren. Das Deckblatt mit den weiteren Accessoires bekleben. Nun das braune Papierband unten etwas einrollen und nach oben hin auf dem Deckblatt drapieren.

Tipp:
Dekorationen sind schnell und sicher mit der Heißklebepistole zu kleben.

Fruchtige Lampen

Material

- Struktur-Strohseide® mit Äpfelchen, blau/grün
- große Mobile-Folie
- grünes Papier-Drahtband
- grüne Holzperlen
- Serviettenkleber
- Overheadfolie
- doppelseitiges Klebeband
- Lichterketten
- Kellerfenster-Gitter

Stehlampe

Bekleben Sie zunächst die Folie mit der grünen Seite des Papiers. Von außen erscheint es dann blau mit grünen Äpfelchen. Schneiden Sie die Folie und das Gitter laut Grundanleitung von Seite 5-7 zu und verschließen die Seitenteile mit grünem Papier-Drahtband. Unten jeweils eine grüne Perle aufnehmen und die Drahtenden zu Spiralen drehen.

Dekor-Lichterkette

Die Lichterkette nach Möglichkeit 3: „Hütchen" laut Vorlagenbogen herstellen. Hier wurde diesmal die blaue Seite des Papiers auf die Folie geklebt.

Weihnachtliches Ambiente im klassischen Rot/Grün

Material

- Struktur-Strohseide® mit Tannenbäumen, grün/rot
- Struktur-Strohseide® mit Sternen, rot/grün
- Bilderrahmen, unbehandelt, 23,5 x 26,5 cm
- große Mobile-Folie
- naturfarbenes Papier-Drahtband
- Holzperlen: rot, grün
- Serviettenkleber
- Kellerfenster-Gitter
- 2 Lichterketten

Stehlampen

Für die größere Lampe das doppelschichtige Papier mit Sternen nutzen. Wenn die Lampe nicht beleuchtet ist, erscheinen auf der grünen Fläche rote Sterne. Das Papier mit der roten Seite auf die Folie kleben. Bei der kleineren Lampe die grüne Papierseite aufkleben, die Tannenbäume erscheinen grün. Schneiden Sie die gewünschten Lampenteile laut Vorlagenbogen aus und verfahren weiter nach der Grundanleitung von Seite 5-7. Beide Lampen werden mit naturfarbenem Papier-Drahtband verschlossen. Die Drahtenden zu Spiralen drehen und nach Wunsch einige Holzperlen auffädeln.

Bilderrahmen

Legen Sie den Rahmen auf die grüne Strukturseide mit roten Sternen. Die Strukturseide sollte so groß sein, dass an jeder Seite 3 cm überstehen. Mit einem dicken Pinsel den Serviettenkleber auf den Rahmen auftragen. Die Struktur-Strohseide® auf den Rahmen legen und leicht mit der Hand andrücken. Die überstehenden Seiten wie ein Buch einbinden und auf der Rückseite antackern.

An der Innenseite die Strukturseide einschneiden, umknicken und auf der Rückseite ebenfalls festtackern. Die freigebliebenen Ecken in der Innenseite werden mit Strukturseide und Serviettenkleber abgedeckt. Die Rückwand aus Pappe wird mit Heißkleber angebracht.

Blau-weiße Winterzeit

Material

- Struktur-Strohseide® mit Tannenbäumchen, blau/weiß
- große Mobile-Folie
- blaues Papier-Drahtband
- blaue Holzperlen
- Serviettenkleber
- Overheadfolie
- doppelseitiges Klebeband
- Kellerfenster-Gitter
- Lichterketten

Für diese stimmungsvollen Lampen benötigen Sie nur eine Papiersorte. Bei einer Lampe wird die blaue und bei der anderen die weiße Seite auf die Folie geklebt. Verwenden Sie hierfür Serviettenkleber und erstellen die Lampen laut Grundanleitung von Seite 5-7. Die gelochten Seitenteile mit dem blauen Papier-Drahtband verschließen und die Enden zu Spiralen drehen. Zum Schluss ein paar farblich passende Holzperlen auffädeln. Fertig sind zauberhafte Lampen, die Sie in der Adventszeit begleiten.

Dekor-Lichterkette

Die Lichterkette nach Möglichkeit 1: „Quadrat“ anfertigen. Hierfür das Papier mit der weißen Seite auf die Folie kleben.

Weitere Titel aus unserem Programm:

DIN A4 · 48 Seiten
ISBN: 3-934757-99-5

DIN A4 · 48 Seiten
ISBN: 3-934757-87-1

DIN A5 · 32 Seiten
ISBN: 3-934757-97-9

DIN A5 · 32 Seiten
ISBN: 3-934757-51-0

DIN A5 · 32 Seiten
ISBN: 3-934757-90-1

DIN A5 · 32 Seiten
ISBN: 3-9359-97-11-6

Bücherzauber Verlag
Benzstraße 13 · 41540 Dormagen
Telefon: 02133/428 105
Fax: 02133/428 106
E-Mail: buecherzauber@t-online.de
http://www.buecherzauber.de

Sollten Sie Fragen zu weiteren Titeln, Materialien oder Anleitungen haben, freuen wir uns über Ihren Anruf oder Ihr Fax. Auch wenn Sie Ideen zu neuen Büchern haben oder selbst Autor/in werden möchten, lassen Sie uns Ihre Anregungen schriftlich zukommen.

Ob aus Papier, Strohseide®
oder handgeschöpftem Papier
– zaubern Sie in Verbindung mit Folien herrliche Lampen zum Verschenken oder Verschönern Ihres Heimes. Lichterketten sind eine beliebte Dekoration nicht nur für Partys.

ISBN 3-935997-12-4
9 783935 997126
€ 7,15 / sfr 13,95

BÜCHERZAUBER VERLAG